Renate Sültz & Uwe H. Sültz

Rezepte-Notizbuch +

Gewichts-Kontrolle

BoD - Books on Demand

Norderstedt 2018

Bibliografische Information durch die Deutsche Nationalbibliothek

Die Deutsche Nationalbibliothek verzeichnet diese Publikation in der Deutschen Nationalbibliografie; detaillierte bibliografische Daten sind im Internet über http://dnb.dnb.de abrufbar.

Herstellung und Verlag: BoD – Books on Demand, Norderstedt

ISBN 9-78374-6-04474-3

Übersicht meiner Rezepte:

Seite:

Gewichts-Kontrolle ab Seite 45!

Rezept

für ____ Personen

Zubereitungszeit

Kosten _____

Nährwerte

Zutaten

Zubereitung

Rezept

Zutaten

für _____ Personen

Zubereitungszeit

Kosten _____

Nährwerte

Zubereitung

Rezept

für _____ Personen

Zubereitungszeit

- - - - - - - - - - - - - - - - - - -

Kosten - - - - - - - - - - -

Nährwerte

- - - - - - - - - - - - - - - - - - -

Zutaten

Zubereitung

Rezept

für ____ Personen

Zubereitungszeit

Kosten _____

Nährwerte

Zutaten

Zubereitung

Rezept

für _ _ _ _ Personen

Zubereitungszeit

_ _ _ _ _ _ _ _ _ _ _ _ _ _ _ _ _ _

Kosten _ _ _ _ _ _ _ _ _ _

Nährwerte

_ _ _ _ _ _ _ _ _ _ _ _ _ _ _ _ _ _

Zutaten

Zubereitung

Rezept

Zutaten

Zubereitungszeit

Kosten _____
Nährwerte

Zubereitung

Rezept

für ____ Personen

Zubereitungszeit

Kosten _____

Nährwerte

Zutaten

Zubereitung

Rezept

für ____ Personen
Zubereitungszeit

- - - - - - - - - - - - - - - - - - - -
Kosten _ _ _ _ _ _ _ _ _ _ _
Nährwerte

- - - - - - - - - - - - - - - - - - - -

Zutaten

Zubereitung

Rezept

für ____ Personen

Zubereitungszeit

- - - - - - - - - - - - - - - - - - - -

Kosten _ _ _ _ _ _ _ _ _ _

Nährwerte

- - - - - - - - - - - - - - - - - - - -

Zutaten

Zubereitung

Rezept

Zutaten

für ____ Personen
Zubereitungszeit

Kosten_____
Nährwerte

Zubereitung

Rezept

_____

Zutaten

für ____ Personen
Zubereitungszeit

- - - - - - - - - - - - - - - - - - -

Kosten _ _ _ _ _ _ _ _ _ _ _

Nährwerte

- - - - - - - - - - - - - - - - - - -

Zubereitung

Rezept

für ____ Personen

Zubereitungszeit

Kosten _____

Nährwerte

Zutaten

Zubereitung

Rezept

für ____ Personen

Zubereitungszeit

Kosten _____

Nährwerte

Zutaten

Zubereitung

Rezept

Zutaten

für ____ Personen
Zubereitungszeit

Kosten_____
Nährwerte

Zubereitung

Rezept

für ____ Personen

Zubereitungszeit

Kosten _____

Nährwerte

Zutaten

Zubereitung

Rezept

für ____ Personen
Zubereitungszeit

Kosten_____
Nährwerte

Zutaten

Zubereitung

Rezept

Zutaten

Zubereitungszeit

- - - - - - - - - - - - - - - - - -

Kosten - - - - - - - - - - -

Nährwerte

- - - - - - - - - - - - - - - - - -

Zubereitung

Rezept

Zutaten

für ____ Personen
Zubereitungszeit

Kosten _____
Nährwerte

Zubereitung

Rezept

für ____ Personen
Zubereitungszeit

Kosten _____

Nährwerte

Zutaten

Zubereitung

Rezept

für ____ Personen

Zubereitungszeit

Kosten _____

Nährwerte

Zutaten

Zubereitung

Rezept

für ____ Personen

Zubereitungszeit

Kosten _____

Nährwerte

Zutaten

Zubereitung

Rezept

für ____ Personen

Zubereitungszeit

Kosten _____

Nährwerte

Zutaten

Zubereitung

Rezept

für ____ Personen
Zubereitungszeit

- - - - - - - - - - - - - - - - - - - -

Kosten _ _ _ _ _ _ _ _ _ _

Nährwerte

- - - - - - - - - - - - - - - - - - - -

Zutaten

Zubereitung

Rezept

für _____ Personen

Zubereitungszeit

Kosten _____

Nährwerte

Zutaten

Zubereitung

Rezept

für ____ Personen

Zubereitungszeit

Kosten _____

Nährwerte

Zutaten

Zubereitung

Rezept

Zutaten

für ____ Personen

Zubereitungszeit

- - - - - - - - - - - - - - - - - - - -

Kosten - - - - - - - - - -

Nährwerte

- - - - - - - - - - - - - - - - - - - -

Zubereitung

Rezept

für _____ Personen
Zubereitungszeit

- - - - - - - - - - - - - - - - - - -

Kosten _____

Nährwerte

- - - - - - - - - - - - - - - - - - -

Zutaten

Zubereitung

Rezept

für ____ Personen

Zubereitungszeit

- - - - - - - - - - - - - - - - - - -

Kosten - - - - - - - - - -

Nährwerte

- - - - - - - - - - - - - - - - - - -

Zutaten

Zubereitung

Rezept

für ____ Personen

Zubereitungszeit

- - - - - - - - - - - - - - - - - - -

Kosten _ _ _ _ _ _ _ _ _ _

Nährwerte

- - - - - - - - - - - - - - - - - - -

Zutaten

Zubereitung

Rezept

für ____ Personen

Zubereitungszeit

Kosten _____

Nährwerte

Zutaten

Zubereitung

Rezept

für ____ Personen

Zubereitungszeit

Kosten _____

Nährwerte

Zutaten

Zubereitung

Rezept

Zutaten

für ____ Personen

Zubereitungszeit

- - - - - - - - - - - - - - - - - -

Kosten _ _ _ _ _ _ _ _ _ _ _

Nährwerte

- - - - - - - - - - - - - - - - - -

Zubereitung

35

Rezept

für ____ Personen
Zubereitungszeit

Kosten _____
Nährwerte

Zutaten

Zubereitung

Rezept

für ____ Personen
Zubereitungszeit

Kosten _____
Nährwerte

Zutaten

Zubereitung

Rezept

für ____ Personen
Zubereitungszeit

Kosten _____

Nährwerte

Zutaten

Zubereitung

Rezept

Zutaten

für ____ Personen
Zubereitungszeit

Kosten _____
Nährwerte

Zubereitung

Rezept

für ____ Personen

Zubereitungszeit

- - - - - - - - - - - - - - - - - -

Kosten _____

Nährwerte

- - - - - - - - - - - - - - - - - -

Zutaten

Zubereitung

Rezept

für ____ Personen

Zubereitungszeit

Kosten _____

Nährwerte

Zutaten

Zubereitung

Rezept

für ____ Personen
Zubereitungszeit

Kosten_____

Nährwerte

Zutaten

Zubereitung

Rezept

für ____ Personen

Zubereitungszeit

Kosten _____

Nährwerte

Zutaten

Zubereitung

Rezept

für ____ Personen
Zubereitungszeit

Kosten _____

Nährwerte

Zutaten

Zubereitung

Rezept

Zutaten

für _ _ _ _ Personen
Zubereitungszeit

_ _ _ _ _ _ _ _ _ _ _ _ _ _ _ _ _ _ _ _

Kosten _ _ _ _ _ _ _ _ _ _ _

Nährwerte

_ _ _ _ _ _ _ _ _ _ _ _ _ _ _ _ _ _ _ _

Zubereitung

Einträge/Ergebnisse/Erfolge

Gewicht   Fett/BMI/eig. Angaben

Umfänge

Einträge/Ergebnisse/Erfolge

Gewicht   Fett/BMI/eig. Angaben

Umfänge

Einträge/Ergebnisse/Erfolge

Gewicht   Fett/BMI/eig. Angaben

Umfänge

Einträge/Ergebnisse/Erfolge

Gewicht   Fett/BMI/eig. Angaben

Umfänge

Einträge/Ergebnisse/Erfolge

Gewicht   Fett/BMI/eig. Angaben

Umfänge

Einträge/Ergebnisse/Erfolge

Gewicht   Fett/BMI/eig. Angaben

Umfänge

Einträge/Ergebnisse/Erfolge

Gewicht   Fett/BMI/eig. Angaben

Umfänge

_____
_____
_____
_____
_____
_____
_____
_____

_____
_____
_____
_____
_____
_____
_____

Einträge/Ergebnisse/Erfolge

Gewicht   Fett/BMI/eig. Angaben

Umfänge

_____
_____
_____
_____
_____
_____

_____
_____
_____
_____
_____
_____

Einträge/Ergebnisse/Erfolge

Gewicht   Fett/BMI/eig. Angaben

Umfänge

_____
_____
_____
_____
_____
_____
_____

_____
_____
_____
_____
_____
_____

Einträge/Ergebnisse/Erfolge

Gewicht   Fett/BMI/eig. Angaben

Umfänge

Einträge/Ergebnisse/Erfolge

Gewicht   Fett/BMI/eig. Angaben

Umfänge

Einträge/Ergebnisse/Erfolge

Gewicht   Fett/BMI/eig. Angaben

Umfänge

Einträge/Ergebnisse/Erfolge

Gewicht   Fett/BMI/eig. Angaben

Umfänge

Einträge/Ergebnisse/Erfolge

Gewicht   Fett/BMI/eig. Angaben

Umfänge

Einträge/Ergebnisse/Erfolge

Gewicht   Fett/BMI/eig. Angaben

Umfänge

Einträge/Ergebnisse/Erfolge

Gewicht   Fett/BMI/eig. Angaben

Umfänge

Einträge/Ergebnisse/Erfolge

Gewicht   Fett/BMI/eig. Angaben

Umfänge

Einträge/Ergebnisse/Erfolge

Gewicht   Fett/BMI/eig. Angaben

Umfänge

Einträge/Ergebnisse/Erfolge

Gewicht   Fett/BMI/eig. Angaben

Umfänge

Einträge/Ergebnisse/Erfolge

Gewicht   Fett/BMI/eig. Angaben

Umfänge

Einträge/Ergebnisse/Erfolge

Gewicht   Fett/BMI/eig. Angaben

Umfänge

Einträge/Ergebnisse/Erfolge

Gewicht   Fett/BMI/eig. Angaben

Umfänge

_____

_____

_____

_____

_____

_____

_____

_____

Einträge/Ergebnisse/Erfolge

Gewicht   Fett/BMI/eig. Angaben

Umfänge

_____

_____

_____

_____

_____

_____

_____

_____

Einträge/Ergebnisse/Erfolge

Gewicht   Fett/BMI/eig. Angaben

Umfänge

_____

_____

_____

_____

_____

_____

_____

_____

Einträge/Ergebnisse/Erfolge

Gewicht   Fett/BMI/eig. Angaben

Umfänge

Einträge/Ergebnisse/Erfolge

Gewicht   Fett/BMI/eig. Angaben

Umfänge

Einträge/Ergebnisse/Erfolge

Gewicht   Fett/BMI/eig. Angaben

Umfänge

Einträge/Ergebnisse/Erfolge

Gewicht   Fett/BMI/eig. Angaben

Umfänge

Einträge/Ergebnisse/Erfolge

Gewicht   Fett/BMI/eig. Angaben

Umfänge

Einträge/Ergebnisse/Erfolge

Gewicht   Fett/BMI/eig. Angaben

Umfänge

Einträge/Ergebnisse/Erfolge

Gewicht   Fett/BMI/eig. Angaben

Umfänge

Einträge/Ergebnisse/Erfolge

Gewicht   Fett/BMI/eig. Angaben

Umfänge

Einträge/Ergebnisse/Erfolge

Gewicht   Fett/BMI/eig. Angaben

Umfänge

Einträge/Ergebnisse/Erfolge

Gewicht   **Fett/BMI/eig. Angaben**

Umfänge

Einträge/Ergebnisse/Erfolge

Gewicht   **Fett/BMI/eig. Angaben**

Umfänge

Einträge/Ergebnisse/Erfolge

Gewicht   **Fett/BMI/eig. Angaben**

Umfänge

Einträge/Ergebnisse/Erfolge

Gewicht   Fett/BMI/eig. Angaben

Umfänge

_____   _____
_____   _____
_____   _____
_____   _____
_____   _____
_____   _____
_____   _____
_____

Einträge/Ergebnisse/Erfolge

Gewicht   Fett/BMI/eig. Angaben

Umfänge

_____   _____
_____   _____
_____   _____
_____   _____
_____   _____
_____   _____
                         _____
                         _____

Einträge/Ergebnisse/Erfolge

Gewicht   Fett/BMI/eig. Angaben

Umfänge

_____   _____
_____   _____
_____   _____
_____   _____
_____   _____
_____   _____
_____   _____
                         _____

Einträge/Ergebnisse/Erfolge

Gewicht   Fett/BMI/eig. Angaben

Umfänge

Einträge/Ergebnisse/Erfolge

Gewicht   Fett/BMI/eig. Angaben

Umfänge

Einträge/Ergebnisse/Erfolge

Gewicht   Fett/BMI/eig. Angaben

Umfänge

Einträge/Ergebnisse/Erfolge

Gewicht   Fett/BMI/eig. Angaben

Umfänge

Einträge/Ergebnisse/Erfolge

Gewicht   Fett/BMI/eig. Angaben

Umfänge

Einträge/Ergebnisse/Erfolge

Gewicht   Fett/BMI/eig. Angaben

Umfänge

Einträge/Ergebnisse/Erfolge

Gewicht   Fett/BMI/eig. Angaben

Umfänge

_____

_____

_____

_____

_____

_____

_____

Einträge/Ergebnisse/Erfolge

Gewicht   Fett/BMI/eig. Angaben

Umfänge

_____

_____

_____

_____

_____

_____

_____

_____

Einträge/Ergebnisse/Erfolge

Gewicht   Fett/BMI/eig. Angaben

Umfänge

_____

_____

_____

_____

_____

_____

_____

_____

Einträge/Ergebnisse/Erfolge

Gewicht   Fett/BMI/eig. Angaben

Umfänge

Einträge/Ergebnisse/Erfolge

Gewicht   Fett/BMI/eig. Angaben

Umfänge

Einträge/Ergebnisse/Erfolge

Gewicht   Fett/BMI/eig. Angaben

Umfänge

Einträge/Ergebnisse/Erfolge

Gewicht   Fett/BMI/eig. Angaben

Umfänge

Einträge/Ergebnisse/Erfolge

Gewicht   Fett/BMI/eig. Angaben

Umfänge

Einträge/Ergebnisse/Erfolge

Gewicht   Fett/BMI/eig. Angaben

Umfänge

Einträge/Ergebnisse/Erfolge

Gewicht   Fett/BMI/eig. Angaben

Umfänge

Einträge/Ergebnisse/Erfolge

Gewicht   Fett/BMI/eig. Angaben

Umfänge

Einträge/Ergebnisse/Erfolge

Gewicht   Fett/BMI/eig. Angaben

Umfänge